PIANO · VOCAL · GUITAR

THE VERY BEST OF
ZZ TOP

T0045173

Cover photo © 2003 Bob Alford / Star File

ISBN 0-634-05368-X

HAL•LEONARD®
CORPORATION

7777 W. BLUEMOUND RD. P.O. BOX 13819 MILWAUKEE, WI 53213

Visit Hal Leonard Online at
www.halleonard.com

ZZ TOP®

CHEAP SUNGLASSES

Words and Music by BILLY F GIBBONS,
DUSTY HILL and FRANK BEARD

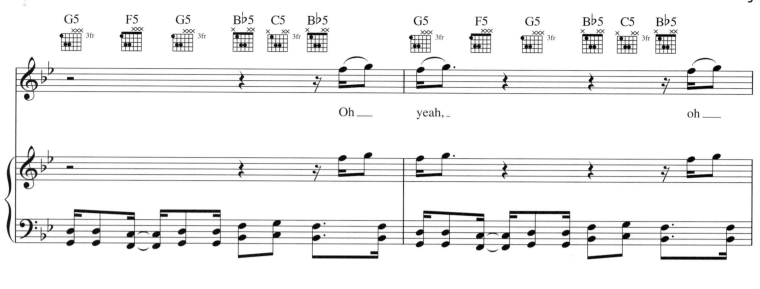

Oh ___ yeah, ___ oh ___

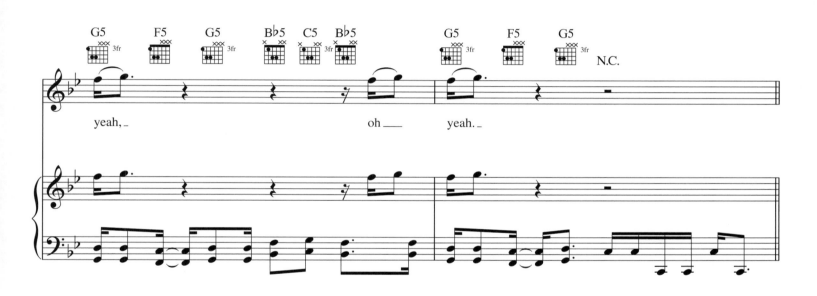

yeah, ___ oh ___ yeah. ___

Guitar solo ad lib.

Repeat ad lib.

Play 4 times

DOUBLEBACK

Words and Music by BILLY F GIBBONS,
DUSTY HILL and FRANK BEARD

13

FRANCINE

Words and Music by BILLY F GIBBONS,
KENNY CORDRAY and STEVE PERRONE

Moderate Blues Rock

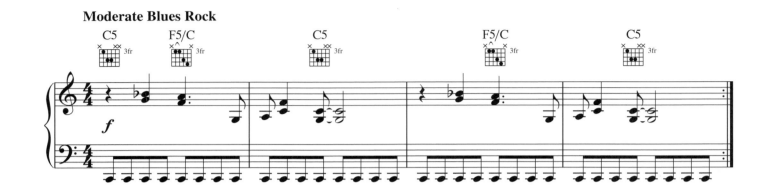

Got a girl, her name's Fran - cine; fin - est thing you ev -
Well, Fran - cine, oh Fran - cis, why do you love me and make
Fran - cine just turned thir - teen, she's my an - gel - ic teen -

- er seen. And I love her, she's all that I want.
me cry? How I love her, she's all that I want.
- age queen. And I love her, she's all that I want.

GIMME ALL YOUR LOVIN'

Words and Music by BILLY F GIBBONS,
DUSTY HILL and FRANK BEARD

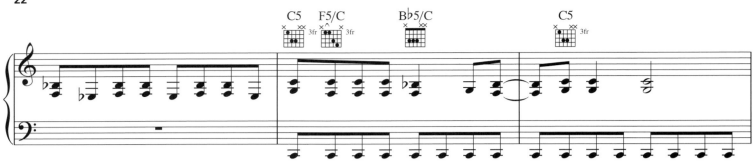

Solo ends You got to move it up and

use it like a school-boy would.___ You got to pack it up.

Work it like a new boy should.

I THANK YOU

Words and Music by ISAAC HAYES
and DAVID PORTER

IT'S ONLY LOVE

Words and Music by BILLY F GIBBONS,
DUSTY HILL and FRANK BEARD

JESUS JUST LEFT CHICAGO

Words and Music by BILLY F GIBBONS,
DUSTY HILL and FRANK BEARD

LA GRANGE

Words and Music by BILLY F GIBBONS,
DUSTY HILL and FRANK BEARD

LEGS

Words and Music by BILLY F GIBBONS,
DUSTY HILL and FRANK BEARD

Moderate Rock

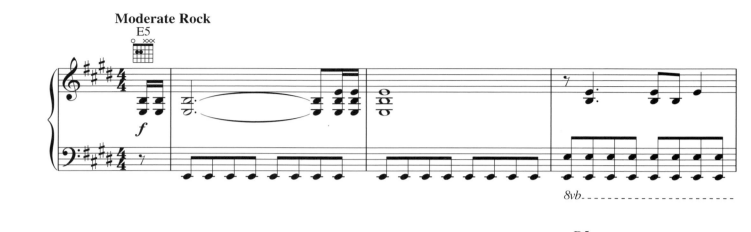

She got ___
She got ___

legs.
hair
legs.
She knows how to use them.
down to her fan - ny.
She knows how to use them.

C#5

She nev - er begs.
She's kind - a jet - set.
She nev - er begs.
She knows how to
Try un - do her
Knows how to

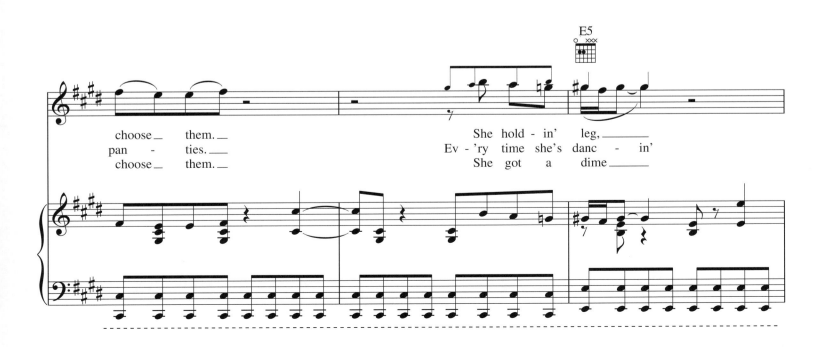

E5

choose them.
pan - ties.
choose them.
She hold - in' leg,
Ev - 'ry time she's danc - in'
She got a dime

won - derin' how to feel_ them._
she knows_ what to do._
all of the time.

Would_ you get be -
Ev - 'ry - bod - y
Stays_ out at

(8vb)

C#5

hind_ them_
wants_ to see,_
night,_

if you could on - ly find them?_
see if she can use it._
mov - in' through_ time._

A5

She's my ba - by,
She's so_ fine._
Whoa, I want_ her.

she's my ba -
She's all_
Shit, I got to

8vb

loco

MY HEAD'S IN MISSISSIPPI

Words and Music by BILLY F GIBBONS,
DUSTY HILL and FRANK BEARD

ROUGH BOY

Words and Music by BILLY F GIBBONS,
DUSTY HILL and FRANK BEARD

What in the world's__ come all o - ver me?__ I ain't got a chance____ of

I am the one____ who can fade the heat.__ The one they all say_____ just

I don't care_____ how you look at me be - cause I'm the one_____ and

STAGES

Words and Music by BILLY F GIBBONS,
DUSTY HILL and FRANK BEARD

ain't got a sin - gle thing to do. _____
- n't e - ven get ___ you on ___ the phone. _____
- n't have it an - y oth - er way. _____

Hap - pened be - fore I knew ___ what was go - ing on. ___
Were ___ you just con - fused ___ and did - n't know ___
Tell ___ me it's for real ___ and let me know ___

___ I ___ fell out and knew ___
___ if you ___ should stay or if ___
___ why ___ does lov - in' have ___

SHARP DRESSED MAN

Words and Music by BILLY F GIBBONS,
DUSTY HILL and FRANK BEARD

Moderate Blues Rock

Clean shirt, new shoes, and I don't know where I am
Gold watch, dia-mond ring, __ I ain't miss-in' not a
Top coat, top hat, and I don't wor-ry 'cause my

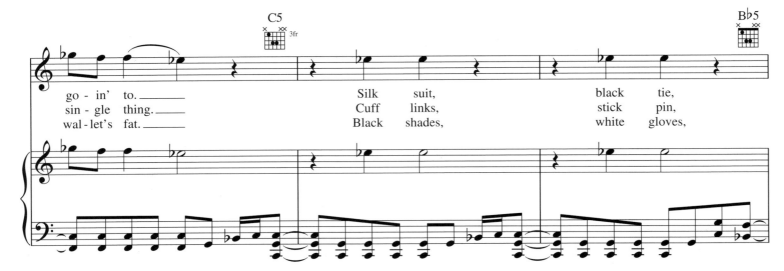

go-in' to. _____ Silk suit, black tie,
sin-gle thing. ____ Cuff links, stick pin,
wal-let's fat. ____ Black shades, white gloves,

I don't need a rea - son why. _____
when I step out I'm gon - na do you in. _____
look - in' sharp, look - in' for love.

They come run - nin' just as

fast as they can, ___ 'cause ev - 'ry girl ___ cra - zy 'bout a sharp dressed man. ___

Guitar solo ad lib.

Play 4 times

SLEEPING BAG

Words and Music by BILLY F GIBBONS,
DUSTY HILL and FRANK BEARD

Guitar solo ad lib.

TUBE SNAKE BOOGIE

Words and Music by BILLY F GIBBONS,
DUSTY HILL and FRANK BEARD

long.   Blow your top, ___ blow your top, __ blow your top!   *Guitar solo ad lib.*

Repeat and Fade | **Optional Ending**

VELCRO FLY

Words and Music by BILLY F GIBBONS,
DUSTY HILL and FRANK BEARD

D.S. al Coda

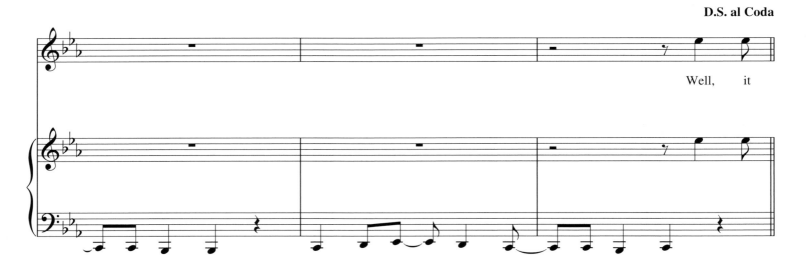

Well, it

CODA

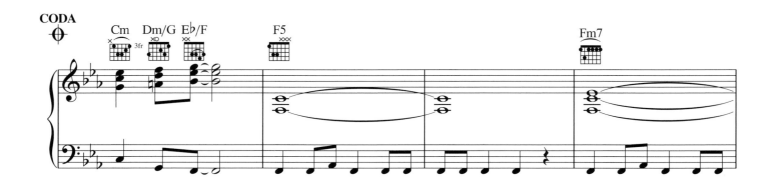

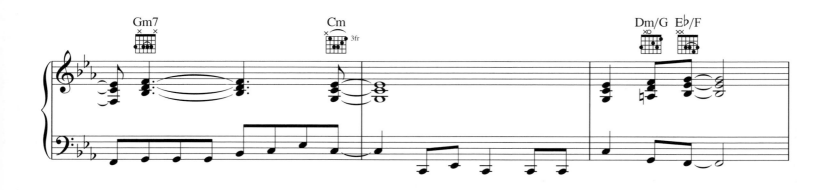

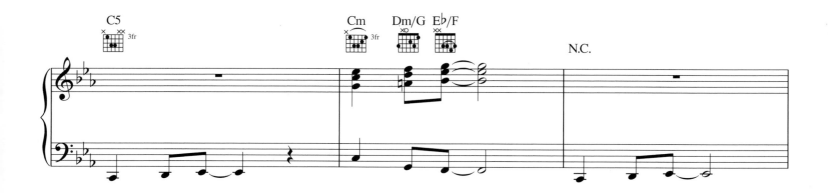

TUSH

Words and Music by BILLY F GIBBONS,
DUSTY HILL and FRANK BEARD

VIVA LAS VEGAS

Words and Music by DOC POMUS
and MORT SHUMAN

Bright light cit-y gon-na
how I wish that
keep on the run. I'm gon-na

set my soul, __ gon-na set my soul __ on __ fire. __ There's a
there were more __ than twen-ty-four hours __ in the day. __ But
have me some fun if it costs me my ver-y last __ dime. __ If I

whole lot of mon-ey that's_ read-y to burn, so get those stakes_ up_
e-ven if_ there were_ for-ty_ more_ I would-n't sleep a min-ute a-way._
wind up_ broke_ then I'll al-ways re-mem-ber that I had_ a swing_ time._

high-er. There's a thou-sand pret-ty wom-en just wait-in' out there._
_ Oh, there's black-jack, po-ker and a rou-lette_ wheel,_ a
_ I'm gon-na give it ev-'ry-thing I_ got._

They're all_ liv-in' dev-il may care,_ and I'm just a dev-il with
for-tune won and lost on_ ev-er-y deal._ All you need's a strong heart and a
La-dy Luck,_ please let the dice_ stay hot._ Let me shoot a sev-en with

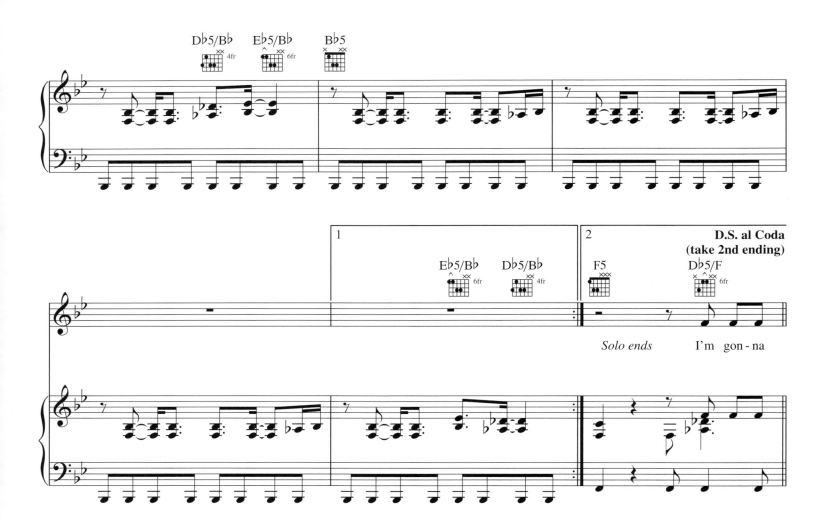

Guitar solo

Solo ends   I'm gon-na

D.S. al Coda
(take 2nd ending)

Vi - va, _____   vi - va,   well. _____

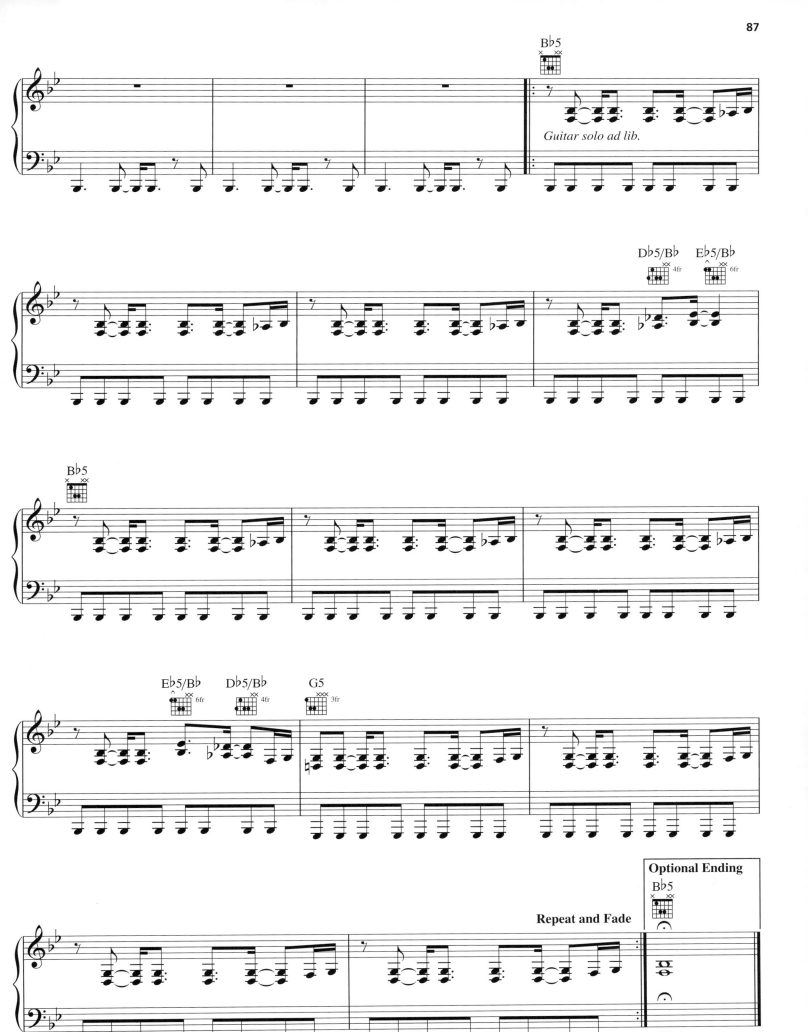